BEI GRIN MACHT SICH IHR WISSEN BEZAHLT

- Wir veröffentlichen Ihre Hausarbeit,
  Bachelor- und Masterarbeit

- Ihr eigenes eBook und Buch -
  weltweit in allen wichtigen Shops

- Verdienen Sie an jedem Verkauf

Jetzt bei www.GRIN.com hochladen und kostenlos publizieren

Ernst Probst, Josef Eimannsberger

Drei Königinnen der Lüfte in Bayern

Thea Knorr - Christl-Marie Schultes - Lisl Schwab

GRIN Verlag

Bibliografische Information der Deutschen Nationalbibliothek:

Die Deutsche Bibliothek verzeichnet diese Publikation in der Deutschen National-
bibliografie; detaillierte bibliografische Daten sind im Internet über http://dnb.d-
nb.de/ abrufbar.

Impressum:

Copyright © 2010 GRIN Verlag, Open Publishing GmbH
Druck und Bindung: Books on Demand GmbH, Norderstedt Germany
ISBN: 978-3-640-67785-6

Dieses Buch bei GRIN:

http://www.grin.com/de/e-book/155490/drei-koeniginnen-der-luefte-in-bayern

Ernst Probst / Josef Eimannsberger

Drei Königinnen der Lüfte in Bayern

Thea Knorr
Christl-Marie Schultes
Lisl Schwab

Den bayerischen Fliegerinnen
Thea Knorr, Christl-Marie Schultes und Lisl Schwab
gewidmet

Inhalt

Drei Königinnen der Lüfte in Bayern

Die Fliegerinnen Thea Knorr, Christl-Marie Schultes und Lisl Schwab stehen im Mittelpunkt des kleinen Taschenbuches „Drei Königinnen der Lüfte in Bayern". Diese drei Frauen sorgten vor allem in den 1930-er Jahren als Luftfahrt-Pionierinnen für Aufsehen in der Öffentlichkeit. Thea Knorr (1903–1989) galt als eine der ersten Fliegerinnen aus München. Christl-Marie Schultes (1904–1976) aus Oberenzenau bei Bad Heilbrunn war die erste Bayerin mit Pilotenschein. Und Lisl Schwab (1900–1967) aus Ingolstadt tat sich als Kunstfliegerin hervor. Autoren des Taschenbuches „Drei Königinnen der Lüfte in Bayern" sind der Wiesbadener Journalist Ernst Probst und der Münchener Flugzeug-Historiker Josef Eimannsberger. Probst und Eimannsberger hatten sich bei den Recherchen über Thea Knorr für das Taschenbuch „Königinnen der Lüfte von A bis Z" kennen gelernt, das Biografien berühmter Fliegerinnen, Ballonfahrerinnen, Luftschifferinnen, Fallschirmspringerinnen, Astronautinnen und Kosmonautinnen aus aller Welt in Wort und Bild präsentiert.

Dank

Für wertvolle Hilfe bei der Entstehung
dieses Taschenbuches danken die beiden Autoren:

Diplom-Kaufmann Günter Lang, München

Theo Lederer, Bad Heilbrunn

Doris Probst, Mainz-Kostheim

Stefan Probst, Mainz-Kostheim

Stadt Ingolstadt

Elisabeth Zintl, München

Thea Knorr (1903–1989)

Thea Knorr

Eine der ersten
Münchener Fliegerinnen

Eine bekannte deutsche Pilotin aus den 1930-er Jahren war Thea Knorr (1903–1989), geborene Theresia Rainer. Sie wird in der Literatur als Afrikafliegerin, erste Schleißheimer Fliegerin oder Feld-Wald-Wiesen-Fliegerin bezeichnet. Die Angaben über diese tüchtige Fliegerin aus München in der Literatur sind lückenhaft, weswegen dort oft ihr Geburts- und Todesdatum sowie andere Angaben fehlen.

Theresia (Thea) Rainer kam am 14. November 1903 in Wasentegernbach (Kreis Erding) in Bayern als Tochter eines Müllers zur Welt. Dies fand der Münchener Historiker Josef Eimannsberger, Mitglied der Bayerischen Flugzeug-Historiker e.V. aus Oberschleißheim, nach arbeits- und zeitaufwändigen Recherchen heraus. Dabei bekam er Kontakt mit dem Diplom-Kaufmann Günter Lang aus München, der den Nachlass von Thea Knorr verwaltet und weitere interessante Details über das Leben der Fliegerin mitteilte.

Im Alter von 23 Jahren heiratete Thea Rainer am 18. August 1927 den aus Hof in Oberfranken stammenden 44-jährigen Arzt Dr. med Emil Wilhelm Wolfgang Knorr (1884–1968) in München, der als ärztlicher Betreuer auf der Flugwerft Oberschleißheim arbeitete. Ein Freund ihres Ehemannes war Eduard Ritter von Schleich (1888–1947), der wie der Gatte von Thea den bayerischen Militär-Max-Joseph-Orden erhalten hatte. Schleich war einer der erfolgreichsten deutschen Jagdflieger im Ersten Weltkrieg (1914–1918), errang 35 Luftsiege und wurde – weil er seine Flugzeuge ab 1917 schwarz anstrich – als „Schwarzer Ritter" bekannt. Die Familien Knorr und Schleich besuchten sich gegenseitig und oft kam die Rede auf die Fliegerei, da sich Ritter von Schleich zeitweise als Fluglehrer betätigte. Thea hörte dabei aufmerksam zu.

Das Interesse der 1,65 Meter großen Thea Knorr an der Fliegerei wurde indirekt durch ihren Dackel „Waldimännchen" geweckt. Bei einem Besuch in Oberschleißheim setzte sie sich an den Rand des Flugplatzes und beobachtete die Maschinen. Als plötzlich ein Flugzeugmotor in der Nähe ansprang, stürmte der Hund bellend auf die Maschine zu. Thea rannte hinterher und rettete den Dackel vor den rotierenden Propellern des Flugzeuges.

Bei diesem Zwischenfall erblickte Thea Knorr plötzlich den ihr wohlbekannten Ritter von Schleich, der gerade Flugschüler ausbildete. Weil sie von der Atmosphäre auf dem Flugplatz fasziniert war, fragte sie den Fluglehrer, ob sie bei ihm das Fliegen lernen könne. Zu ihrer großen Freude wurde ihre Frage bejaht und nun musste sie nur noch ihren Mann für ihr Vorhaben gewinnen. Mit Herzklopfen fuhr sie nach Hause und teilte ihrem Ehemann ihren Wunsch mit, das Fliegen lernen zu wollen. Zu ihrer großen Erleichterung hatte ihr Gatte keine Einwände und fand ihre Idee sogar sehr gut.

Als nächstes benötigte Thea Knorr eine ärztliche Bestätigung ihrer Flugtauglichkeit. Die dafür erforderliche Untersuchung durften damals in München nur zwei Ärzte machen. Thea suchte einen dieser Mediziner auf und erklärte ihm, was sie wollte. Daraufhin runzelte der Arzt seine Stirn und betrachtete sie ganz entsetzt. Als er noch erfuhr, dass der Ehemann der Patientin ein Kollege sei, sagte er zu ihr, sie solle am Nachmittag wieder vorbeikommen, weil er sich das alles in Ruhe überlegen müsse, bevor er eine so große Verantwortung übernehme. Vielleicht hatte er sich wegen dieser Angelegenheit mit ihrem Mann in Verbindung setzen wollen.

Eine Stunde später sagte Thea Knorr ihren Termin ab und konsultierte den zweiten Arzt in München wegen ihrer Flugtauglichkeit. Dieser war Ballonfahrer, gratulierte Thea zu ihrer ausgezeichneten Gesundheit und freute sich auf eine „fliegende Münchnerin".

1931 begann Thea Knorr beim „Leichtflugzeugklub München" ihre Flugausbildung. Dieser Klub hatte seinen Sitz auf dem Oberwiesenfeld, nahm aber Schulungen in Schleißheim vor. Erster Fluglehrer von Thea war Ritter von Schleich, der jedoch bald seine Fluglehrertätigkeit beendete und bei den National-sozialisten eine Karriere machte. Einer der bekanntesten

Flugschüler von Schleich war von Januar bis März 1931 der deutsche Schauspieler Heinz Rühmann (1902–1994) gewesen, mit dem Thea den selben Kurs absolvierte. Zweiter Fluglehrer von Thea wurde Fluglehrer Greif, der ganz andere Töne als der beliebte Ritter von Schleich anschlug.

Einmal kamen Thea Knorr und ein Mitschüler in weißen Overalls, auf die sie „mächtig stolz waren", zum Flugunterricht. Darauf reagierte Fluglehrer Greif mit der sarkastischen Bemerkung: „Was habt ihr denn da an? Da könnt ihr ja gleich im Schlafanzug kommen!" Während eines Fluges schrie Greif einmal Thea an: „Wie halten Sie denn den Steuerknüppel? Rühren können Sie daheim mit dem Kochlöffel, aber nicht hier!" Thea nahm den rauen Ton ihres Fluglehrers nicht so tragisch. Dieser musste sich offenbar noch daran gewöhnen, dass er erstmals einen weiblichen Flugschüler hatte.

Der erste Alleinflug, der für jeden Flieger zu den schönsten Erinnerungen gehört, verlief bei Thea Knorr unglücklich. Sie landete mit überhöhter Geschwindigkeit und konnte das Flugzeug nicht mehr rechtzeitig abfangen. Die beiden Räder der Maschine brachen ab und rollten davon. Das Flugzeug rutschte auf dem Bauch hinterher und Thea stieg total deprimiert aus der Maschine. Als sie ihren Fluglehrer fragte, ob sie das Landekreuz noch benötigten, schrie dieser sie an: „Reden Sie doch nicht so saudumm daher! Schauen Sie lieber, dass sie die Räder einholen!" Danach rannte sie den Rädern hinterher, die immer weiter rollten, bis sie sie endlich erreichte. Mit den beiden Rädern unter den Armen trat sie völlig

Heinz Rühmann (1902–1994)

eingeschüchtert wieder dem Fluglehrer vor die Augen. Sie hatte aber im Nachhinein großes Verständnis für den Fluglehrer, der eine große Verantwortung und innerliche Belastung hatte, wenn er einen Flugschüler zum ersten Alleinflug schickte.

Fluglehrer Greif war letztlich aber sehr stolz, dass Thea Knorr ihren ersten Alleinflug absolviert hatte und auch die Starts, Flüge und Landungen in der Folgezeit sehr gut verliefen. Er gratulierte seinem ersten weiblichen Flugschüler mit ein paar selbst gepflückten Feldblumen. 1931 nahm Thea Knorr stolz ihren Pilotenschein entgegen. Ihr verständnisvoller Ehemann schenkte ihr danach ein Flugzeug des Typs „Klemm" mit Siemens-Motor „Sh 13 a". Ihre ersten Flüge mit ihrer eigenen Maschine waren noch „richtige Abenteuerflüge". Damals war man völlig auf sich allein gestellt, hatte keinerlei Funkverbindung und flog auf Sicht. Thea hatte bei ihren Flügen keinen Fallschirm dabei, ein solcher wäre – nach ihrer Ansicht – für ihr Leichtflugzeug zu schwer gewesen.

Mit ihrer Klemm-Maschine beteiligte sich Thea Knorr an Flugtagen, setzte Fallschirmspringer ab, flog Reklame – zum Beispiel für „Blaupunkt-Radio" –, schleppte Segelflugzeuge und unternahm Langstreckenflüge auf den Balkan und sogar nach Afrika, was ihr die Bezeichnung „Afrikafliegerin" einbrachte. Bei „Papa Kohnke" ließ sie sich erfolgreich zur Fall-schirmspringerin ausbilden. Nach eigener Aussage waren Lisl Schwab (1900–1967) und sie damals die einzigen Fliegerinnen, die zugleich Fallschirm-springerinnen gewesen sind.

Bordbuch

für das

Flugzeug D- E K N O

A. Zelle:

Klasse: *A I* Baumuster: *L 26 a I* Baujahr: *1932*
Hersteller: *Leichtflugzeugbau Klemm, Böblingen*
Werk Nr.: *376* Rumpf Nr.:
Eigentümer: *Thea Knorr* Wohnung: *München* Staatsangehörigkeit: *Deutsch*
Halter: *Thea Knorr* Wohnung: *Karrus 4. 34 II* Staatsangehörigkeit: *dt*
Rüstgewicht: _____ kg
Zuladung: _____ kg Datum des Lufttüchtigkeitsscheines:
Fluggewicht: _____ kg

B. Motor:

Baumuster: *Sh 13 a* Leistung: *90* PS
Hersteller: *Siemens u Halske, A. G. Berlin - Siemensstadt*
Werk-Nr. des vom Hersteller der Zelle eingebauten Motors: *11591*
Datum des Betriebstüchtigkeitsscheines: *13. Juni 1934*

Bordbuch von Thea Knorr

17

Die Sportfliegerei in den 1930-er Jahren war im Gegensatz zu heute noch recht urtümlich. Damals durften noch so genannte Außenlandungen außerhalb eines Flugplatzes erfolgen. Thea Knorr schätzte solche Außenlandungen sehr, weil sie dabei Erfahrungen für eine eventuelle Notlandung sammeln konnte. Unter Fliegerkameraden galt sie bald als „Feld-Wald-Wiesen-Fliegerin".

Bei ihren Flügen erlebte Thea Knorr so manches Abenteuer. Zum Beispiel musste ein männlicher Fliegerkamerad während eines Fluges nach Garmisch dringend austreten. Als Thea kurz vor Garmisch einen geeigneten Landeplatz fand und dort landete, eilte aber ein Polizist herbei. Thea und ihr Begleiter wollten sich verstecken und entdeckten einen Baum mit einer Leiter, die zu einem Jägerhochsitz führte. Schnell stiegen sie zum Hochsitz hinauf und beobachteten den Polizisten, der aufgeregt nach dem Flugzeugführer suchte. Schließlich kletterte Thea doch herunter und ging auf den Polizisten zu, der aber gar nicht mit ihr sprechen wollte, sondern energisch nach dem Flugzeugführer verlangte. Thea erklärte, sie sei der Flugzeugführer, doch der Polizist wollte dies nicht glauben und nicht veräppelt werden. Erst als ihm Thea ihre Papiere zeigte, glaubt er ihr und war sichtlich überrascht, eine Fliegerin vor sich zu haben. Der Polizist blieb bis zum Start und winkte der Fliegerin noch freundlich zu.

1938 unternahm Thea Knorr einen Afrika-Flug, was damals noch ein richtiges Abenteuer war. Dieser Flug führte über Italien (Napoli), Sizilien (Palermo), Tunesien

(Tunis), den Sudan (Khartum) und Britisch-Ostafrika (Nairobi).

Durch den Zweiten Weltkrieg (1939–1945) ging – laut Thea Knorr – die „wunderschöne Zeit der Sport-fliegerei" mit der „wirklichen Freiheit, die oft besungen wird" zu Ende. Zunächst arbeitete sie als Werkspilotin bei der Flugzeugfirma Klemm in Böblingen (Württemberg). Zu ihren Aufgaben gehörte es, neue Flugzeuge „auszulitern". Dabei musste sie mit einer Maschine so lange in der Luft bleiben, bis der Motor kein Benzin mehr bekam und stehen blieb. Danach überprüfte man, ob sich noch restliches Benzin im Tank befand. Wenn dies der Fall war, musste das Flugzeug in die Werft zurück, und zwar so lange, bis die Treibstoffzufuhr so eingestellt war, dass der Tank leergeflogen werden konnte. Als Werkspilotin überführte sie auch Klemm-Flugzeuge von Böblingen auf den Balkan und zu anderen Einsatzorten.

Später wurde Thea Knorr als Flugzeugführerin bei der Luftwaffe zum „Überführungsgeschwader I, Überführungsgruppe Mitte" einberufen. Die beim „Überführungsgeschwader I" tätigen Pilotinnen – wie Thea Knorr, Lisl Schwab und Beate Uhse (1909–2001), geborene Köstlin, – überführten zunächst vor allem Schulflugzeuge, bekamen aber bald anspruchsvollere Aufgaben. Thea flog bis Kriegsende beim „Überführungsgeschwader I". Beim letzten Überführungsflug geriet sie in amerikanische Kriegsgefangenschaft. Ihr Stoffabzeichen mit der Aufschrift „Flugzeugführerin" befindet sich heute im „Deutschen Museum" in München.

Thea Knorr (rechts) im Jahre 1975

Nach dem Zweiten Weltkrieg erwarb Thea Knorr als erste deutsche Fliegerin den Schweizer Pilotenschein, durfte nun wieder fliegen, plante noch einmal einen Afrika-Flug und erwarb die Lizenz als Hubschrauberpilotin. Am 8. Juni 1968 starb ihr Mann Emil nach 40-jähriger Ehe im Alter von 83 Jahren.

Der Jubiläumsband „Geflogene Vergangenheit. 75 Jahre Luftfahrt in Schleißheim" (1988) präsentierte den Beitrag „Die erste Schleißheimer Fliegerin" von Thea Knorr. Darin schilderte sie Begebenheiten aus ihrem bewegten Fliegerleben. Laut Flugbuch unternahm sie Überführungs-, Erprobungs-, Einweisungs-, Reklame- und Deutschlandflüge.

Thea Knorr ist am 29. Januar 1989 im Alter von 85 Jahren in Feldafing gestorben. Ihr Grab, in dem auch ihr Ehemann bestattet wurde, liegt auf dem neuen Teil des Waldfriedhofs in München.

Christl-Marie-Schultes (1904–1976)

Chistl-Marie
Schultes

Die erste Fliegeirn
in Bayern

Die Ehre, die erste Fliegerin in Bayern gewesen zu
sein, gebührt Christl-Marie Schultes (1904–1976),
geborene Maria Rosalia Schultes. Wegen ihrer Herkunft
aus einer Försterfamilie hat man sie oft als „Förster-
Christl" bezeichnet. Mitunter findet man in der Literatur
auch die Vornamen Christlmariele oder Christl. In ihrem
abenteuerlichen Fliegerleben gab es Höhen und Tiefen.
Maria Rosalia Schultes kam am 6. November 1904 als
eines von vier Kindern des bayerischen Forstverwalters
Otmar Schultes und seiner zweiten Ehefrau Theresia
Schultes, geborene Koller, in Geigant bei Waldmünchen
(Oberpfalz) zur Welt. Ab 1907 wuchs sie in Oberenzenau
bei Bad Heilbrunn (Oberbayern) auf, wohin ihr Vater
versetzt worden war. Auf alten Fotos in der ersten Hälfte
des 20. Jahrhunderts wirkt ihr am Wald stehendes
Elternhaus in Enzenau wie eine Postkarten-Idylle.
Der Vater Otmar Schultes galt als bekannter Kunstmaler.
Noch heute besitzen viele Einwohner in Bad Heilbrunn
von ihm gemalte Bilder. Die Mutter Theresia war eine

gefeierte Schönheit. Man bezeichnete sie als „saubere und lustige Kollerresl".

Aus der zweiten Ehe von Otmar Schultes gingen zuerst die Töchter Helene (1902–1971) und Maria Rosalia (1904–1976), dann der Sohn Josef (1908–1929) und schließlich das „Nesthäkchen" Laura (1910–1924) hervor. Mit diesen Kindern wuchs die Tochter Anna aus der ersten Ehe auf.

Die jüngere Schwester Laura von Christl-Marie starb bereits im Alter von 14 Jahren an spanischer Grippe. Ihr Bruder Josef erlag als 21-Jähriger nach einem Fechtunfall einer Lungenentzündung.

Auch Christl-Marie wäre beinahe früh gestorben. Im Alter von elf Monaten fiel sie in einen Starrkrampf, wurde vom Arzt bereits für tot erklärt, in einen Sarg gebettet und aufgebahrt. Sie wäre fast beerdigt worden, wenn sie nicht wenige Stunden vor der geplanten Bestattung wieder die Besinnung erlangt hätte. Ihr Vater hatte ihr Leben gerettet, weil er sie während des Starrkrampfes erfolgreich nach der Kneipp-Methode behandelt hatte.

Von dieser Krankheit erholte sich die kleine Christl-Marie bald. Sie durfte bis zum neunten Lebensjahr die gute und würzige Berg- und Waldluft ihres Heimatortes atmen. Dann schickten ihre Eltern sie nach München und sie ging dort unwillig zur Schule. Mehrfach brannte Christl-Marie in München durch, weil sie nicht in der Stadt bleiben wollte. Dies brachte ihr strenge Verweise von der Schule und Tadel der Eltern ein. Nachdem sie erneut über eine Mauer kletterte und durchbrannte, erreichte sie ihre Entlassung aus der Schule in München.

Die nächste Schule in Rosenheim im Gebirge behagte Christl-Marie merklich besser. Dort erlernte sie den Haushalt und die Landwirtschaft. Während der Ferien unternahm sie Reisen im In- und Ausland sowie Bergtouren mit ihrem Vater, die sie besonders genoss.

Mit 18 Jahren wollte Christl-Marie Schultes eine Stellung in Afrika antreten, um später auf dem „Schwarzen Erdteil" Farmerin zu werden. Doch ihr Vater verhinderte dies, indem er das Visum seiner minderjährigen Tochter sperren ließ. Die Folge war, dass Christl-Marie in der Heimat bleiben musste.

Die bildhübsche und dunkelhaarige Christl-Marie ging bei etlichen dörflichen Schönheitswettbewerben als Siegerin hervor. Sie wurde als „Förster-Christel" über die Grenzen ihres Dorfes bekannt, in Romanen und Gedichten verewigt, in Paris von einem bekannten Künstler als „Carmen" gemalt und von einer Filmgesellschaft nach Hollywood (USA) verpflichtet. Letzteres wusste der Vater zu verhindern.

Keine Einwände hatte der Vater, wenn Christl-Marie im Heimatdorf bei Fahnenweihen als Fahnenbraut, bei Denkmalsenthüllungen oder bei anderen Veranstaltungen teilnahm. Er hinderte seine sportliche Tochter auch nicht am Jagen, Reiten, Segeln und Motorradfahren. Angeblich ritt sie am liebsten die wildesten Pferde.

Bereits als Kind hatte Christl-Marie eine große Sehnsucht, es den Vögeln gleichzutun und in den Himmel zu fliegen. Oft hatte sie geglaubt, fliegen zu können, wenn sie einen Schal ausbreitete oder auf einem Treppengeländer schnell hinunterrutschte.

Im Alter von 19 Jahren fasste die abenteuerlustige Christl-Marie Schultes über Nacht den Entschluss, Fliegerin zu werden. Dieses kühne Vorhaben teilte sie ihrem Vater mit. Der Vater, die Mutter und andere Verwandte reagierten auf diesen Wunsch entsetzt. Alte Leute schüttelten fassungslos den Kopf. Ein Mädchen sollte nach damaliger Auffassung Kochen, Nähen und alles, was zum Haushalt gehört, gründlich erlernen, dann heiraten und Kinder kriegen.

Doch Christl-Marie Schultes ließ sich von der Erfüllung ihres Wunsches nicht abbringen. Im März 1928 reiste die 23-Jährige heimlich nach Berlin-Staaken. Ihre Eltern wähnten sie damals auf einem Kochkurs. Mit klopfendem Herzen betätigte Christl-Marie die Klingel am Zauntor zur Flugschule. Nach dem Betreten eines kleinen Gebäudes stellte sie sich kurz vor, schüttelte Hände, unterschrieb einen Vertrag und freute sich riesig, die erste Bayerin auf dem Weg zur Pilotenprüfung zu sein.

In dem Buch „Frauen fliegen" (1931) schilderte Christl-Marie Schultes später ihre Anfänge als Flugschülerin. Zuerst rollten zwei Flugzeuge des Typs Raab-Katzenstein heran. Doch Christl-Marie hatte Pech. Nach einigen Flügen setzte ausgerechnet der Motor jener Maschine aus, die für den Unterricht ihrer Gruppe bestimmt war. Deshalb musste die Gruppe unverrichteter Dinge zum Gebäude der Flugschule wandern. Keinen einzigen Meter war Christl-Marie in der Luft gewesen. Sie schlüpfte aus ihren Hosen und hinein in ihr Dirndlkleid, das sie während ihres Aufenthaltes in Berlin trug.

Als einzige Teilnehmerin aus Bayern freute sich Christl-Marie Schultes sehr, als aus Pleystein ein weiterer bayerischer Flugschüler nach Berlin-Staaken kam. Die Beiden zogen am Fahnenmast ihre weißblaue Fahne auf, an dem bereits die Landesfarben anderer Flugschüler vertreten waren. Unter den insgesamt 22 Flugschülern befanden sich auch ein Ägypter, ein Chinese, mehrere Polen, Russen und ein Afrikaner aus Liberia.

Drei Tage lang ging Christl-Marie Schultes vergeblich zum Startplatz der Flugschule, bis sie endlich in eine Maschine steigen durfte. Jeweils zehn Flugschüler waren einem Fluglehrer mit einem Flugzeug zugeteilt. Die Schüler durften in der Reihenfolge ihres Eintritts fliegen. Der Lehrer war ein früherer Militärpilot und nahm als Passagier Platz. Der Schüler kletterte in den Führersitz. Bei jedem Fehler des Schülers konnte der Lehrer mit einer Steuerung über seinem Sitz eingreifen.

„Mitfühlen mit dem Knüppel!" lautete die Parole des Fluglehrers. Doch bei Christl-Marie Schultes haperte es beim ersten Flug noch sehr damit. Sie umspannte mit ihren beiden dick behandschuhten Fäusten den Knüppel und hielt sich bei jeder Schwankung des Flugzeuges daran fest. Ihr Fluglehrer rüttelte, schrie und schimpfte, aber dies nützte nicht viel. Trotzdem landeten beide wohlbehalten. Danach wurde Christl-Marie von allen Seiten gefragt, wie ihr der erste Rutsch bekommen sei. Denn es gab Schüler, denen das Fliegen nicht gut bekam, die aber trotzdem nicht aufhören konnten oder wollten.

Als das Schlimmste empfand Christl-Marie Schultes, dass sie zum Polizeiarzt musste: „Wie ein Rekrut muß man sich ausziehen, Kniebeugen vormachen, wird untersucht, wie stark das Herz klopft, wie weit der Hals ist, der Brustumfang, wie gut die Augen, die Ohren, wie die Nase arbeitet usw. Ungefähr 200 Fragen sind zu beantworten, darunter, ob die Eltern und die Großaltern schon gestorben sind, und was für Krankheiten diese erlagen. Ohne ein einwandfreies Zeugnis des Polizeiarztes kann man den Führerschein nie erhalten. Ja, es werden sogar sehr oft noch Nachprüfungen vorgenommen."

Nach fast vier Monaten durfte Christl-Marie Schultes erstmals allein fliegen. Was dabei geschah, berichtete sie in dem Buch „Frauen fliegen": Bereits um vier Uhr früh kam sie zum Startplatz und um fünf Uhr holte sie die Maschine aus der Halle. Weil der Wind stärker geworden war, machten die Fluglehrer bedenkliche Gesichter. Doch Christl-Marie wollte, dass es heute sein musste, rollte ihre Maschine zum Startplatz, wartete auf das Startzeichen und gab Vollgas. Es war für sie ein herrliches Gefühl, endlich frei und allein in der Luft zu sein. Sie flog die vorgeschriebene Runde, nahm das Gas weg und gab Tiefensteuerung.

Als schwierigster Teil erwies sich die Landung, die über ein Eisenbahngleis mit vielen Drähten führte. Über dem Gleis mit den Drähten fing Christl-Marie Schultes die Maschine ab und steuerte sie fast waagrecht in Richtung Landekreuz zur Erde. Zu ihrem Leidwesen bewegte sich die Maschine nicht schwebend nach vorn, sondern senkte sich fahrstuhlmäßig zur Erde und setzte mit Ach und Krach auf. Beim Anblick ihres entsetzten Fluglehrers und ihrer Flugschüler-Gruppe trat sie das

Seitensteuer, worauf sich die Maschine nach rechts drehte und zum naheliegenden Startplatz sauste. Der Startpolizist vertrieb aufgeregt mit seiner Fahne die umherstehenden Zuschauer. Nachdem Christl-Marie die Zündung ausgeschaltet hatte, standen endlich der Propeller und die Maschine. Weil der Start und die Landung gut verlaufen waren, gratulierte man Christl-Marie. Einziger Schaden am Flugzeug war eine verbogene Achse.

Einem Artikel in der Wochenzeitung „Heim und Welt" zufolge flog Christl-Marie Schultes beim ersten Alleinflug mit der damals sensationellen Fluggeschwindigkeit von 80 Stundenkilometern die vorgeschriebene Strecke ab. Ängstlich steuerte sie immer geradeaus, wagte nicht umzukehren und hoffte inbrünstig auf ein Wunder. Nach etwa 50 Kilometern war der Benzintank leer und der Prüfling landete schweißgebadet auf einer Waldwiese. Diese Prüfung hatte sie bestanden.

Zur Freude von Christl-Marie Schultes sagte ihr Papa bald nicht mehr „Nein" zu ihrem Wunsch, einen derart extravaganten Beruf wie den einer Pilotin zu ergreifen. Ihr Vater war stolz auf seine tüchtige Tochter und bezahlte stillschweigend die „nichtsnutzige Fliegerei", für die Christl-Marie sich in Schulden gestützt hatte. Die Flugausbildung für Frauen war damals ein teures Vergnügen. Allein das Schulgeld bis zum amtlichen Flugschein A1 kostete 1927/1928 rund 3.500 Mark.

Als die Privatfliegerschule Berlin-Staaken pleite ging, wechselten deren Flugschüler nach Stuttgart-Böblingen. Von dort aus absolvierte Christl-Marie Schultes einen vorschriftsmäßigen großen Überlandflug nach Frankfurt am Main und zurück sowie einen 3.000-Meter-Höhenflug. Im Sommer 1928 erhielt sie den A-Schein, der sie berechtigte, eine A-Maschine mit einem Passagier zu fliegen. Das Fliegen hatte sie nicht gelernt, um es den Männern nachzumachen, sondern aus einem inneren Drang heraus.

In dem Buch „Frauen fliegen" erklärte Christl-Marie Schultes: „Ich freute mich besonders, dass nun eine Bayerin das geschafft hatte, was unsere norddeutschen Schwestern schon lange erreicht hatten. Nach dem A-Schein wollte ich aber auch den Kunstflug-Schein erwerben. Nachdem alle Formalitäten erledigt waren, ging das Schulen weiter. Diesmal wurden nicht Landungen oder Spiralen versucht, sondern die ersten Loopings! Mit Ausdauer und Geduld wird geübt, besonders der langsame Rolling. So werden Loopings, Rollings, Turn, Trudeln, Slip und Rückenflug von dem Kunstflugschüler verlangt! Den Fallschirm angeschnallt geht es zuerst in große Höhen, und dann probierte man da nach Herzenslust. Mit der Zeit gewöhnt man sich auch an jede Lage der Maschine und es gibt kaum etwas Schöneres, als den großen Flugplatz auf den Kopf gestellt zu sehen."

Nachdem Christl-Marie Schultes den Kunstflugschein erworben hatte und dies bekannt wurde, erhielt sie zahlreiche Briefe und Heiratsanträge. Als frischgebackene Pilotin trat sie mit einer von ihrer Flugschule geliehenen Maschine bei Flugtagen in der Provinz auf. In ihrer Heimat hat man sie als einzige bayerische Fliegerin sehr gefeiert.

Zu einem Fest ganz besonderer Art geriet ein Empfang von Christl-Marie Schultes in Bad Heilbrunn, also in der Gegend, in der sie aufgewachsen war. Eines Tages erhielten ihre Eltern, mit denen sie sich ausgesöhnt hatte, einen Brief, in dem zu lesen war: „Liebe Eltern, ich komme morgen nachmittag mit dem Flugzeug". Diese Nachricht verbreitete sich wie ein Lauffeuer im Dorf. Vereine, Behörden und Einwohner bereiteten sich in aller Eile zum Empfang vor.

Als Landeplatz hatte Christl-Marie Schultes eine Wiese am Feuerwehrhaus in Bad Heilbrunn ausgewählt. Alle Einwohner wollten unbedingt den Anflug der Tochter des Oberforstverwalters Schultes mit eigenen Augen verfolgen. Viele von ihnen hatten noch nie ein Flugzeug gesehen. Die Feuerwehrmänner erschienen in voller Uniform und führten Absperrmaßnahmen durch. Bürgermeister, Gemeinderat und Blumenmädchen stellten sich in Positur.

Doch die Wartezeit wurde immer länger und länger. Der für die Landung angekündigte Zeitpunkt verstrich und auch lange danach war noch kein Flugzeug am Horizont zu erblicken. Einwohner aus Bad Heilbrunn schimpften deswegen: „Die hat uns schön dableckt ... a ganze Gmoa hat's angeschmiert". Die meisten Männer trösteten sich im Wirtshaus und spülten mit Bier ihren Ärger hinunter. Auch die Musikanten folgten diesem Beispiel und ölten kräftig ihre Kehlen. Plötzlich wurde doch noch der Anflug der Maschine gemeldet und die Dorfbewohner eilten zum Landeplatz, weil niemand das Spektakel verpassen wollte. Aber es gab erneut eine Ent-täuschung: Aus Sicherheitsgründen musste die Landung unterbleiben. Die Pilotin warf nur einen Blumenstrauß in die Menge, dann schraubte sich das kleine Flugzeug immer höher und verschwand den Blicken der Zuschauer.

Mit Flügen in ihrer Heimat gab sich Christl-Marie Schultes bald nicht mehr zufrieden. Sie plante einen Transatlantik-Flug und besprach sich deswegen mit der einflussreichen Baronin von Schöneberger-Kranefeld. Doch Geldgeber und Baronin, deren Bruder starb, verloren das Interesse an diesem kühnen und lebensgefährlichen Vorhaben, bei dem immer wieder Piloten/innen scheiterten.

Im März 1929 kaufte Christl-Marie Schultes in England ein Flugzeug des Typs „De Havilland Moth", zu deutsch „Motte". 10.000 Reichsmark steuert die Stadt Bad Tölz zum Kaufpreis bei, fast 20.000 Reichsmark – nach Auskunft von Verwandten – ihre Eltern. Mit diesem Flugzeug sollte Christl-Marie für die Stadt Bad Tölz und ihren Bäderbetrieb Reklame fliegen. Zusammen mit einem Monteur der Herstellerfirma überführte sie später die Maschine von England nach München. Dabei musste sie wegen schlechten Wetters drei Mal zwischenlanden. In Köln landete sie nicht auf dem Flugplatz, sondern auf einem Blumenbeet im Radeberger Volkspark. Bei der zweiten Zwischenlandung in Trier wurde sie von 300 Mann der Besatzungsarmee empfangen. Christl-Marie befürchtete schon eine Verhaftung, doch der Kommandant kümmerte sich nicht um ihre Papiere, sondern stellte ihr sogar kostenlos Benzin zur Verfügung. Nach dem Start und kurzen Flug erfolgte eine weitere Zwischenlandung in Trier und man unterstützte sie erneut kostenlos. Als sie aus dem besetzten Gebiet kam, hat man ihre Maschine und ihre Papiere beschlagnahmt und sie fast wie eine Spionin behandelt. Erst nach stundenlangem Warten traf die Genehmigung zum Weiterflug ein. Zu diesem Zeitpunkt war es aber zu spät, um den Flug fortsetzen zu können. Am nächsten Morgen hatte man den Beschluss der vorgesetzten Behörde offenbar wieder vergessen und der Start konnte erst gegen Mittag erfolgen.

Am 4. August 1929 erhielt dieses Flugzeug bei einer großen Feier mit weißgekleideten Ehrenjungfrauen, fahnenschwenkenden Schulkindern, Mitgliedern von Gebirgs- und Feuerwehr-Verein sowie festlichen Klängen in Bad Tölz den Namen der Stadt. Im festlich herausgeputzten Kurpark taufte der damalige Bürgermeister Alfons Stollreither den Doppeldecker mit heilkräftigem Jodwasser aus der Adelheidquelle. Die Gaumen verwöhnte man mit Kurhaus-Pastete, Tölzer Grünerbräu-Exportbier, Schildkrötensuppe, 1921-er Liebfrauenmilch-Auslese, Delikatessen und Mokka. Auch für die Ohren wurde nur das Beste aufgeboten. Das Städtische Kur-Orchester führte unter anderem den „Einzug der Gäste auf der Wartburg" von Richard Wagner (1813–1883) und ein großes „Patriotisches Tongemälde" eines lokalen Komponisten auf. Dieser Aufwand stimmte auch die Verwandtschaft von Marie-Christl Schultes versöhnlich, die später allerdings nicht ganz zu Unrecht beklagte, diese habe große Teile des Familienvermögens für die Fliegerei verbraucht.

Mit dem Flugzeug „Bad Tölz" trat Christl-Marie Schultes neben den deutschen Fliegeridolen Ernst Udet

(1896–1941) und Gerhard Fieseler (1896–1987) bei
Flugtagen im In- und Ausland auf. Allein in München
bestaunten schätzungsweise 50.000 bis 150.000
Zuschauer ihre Flugkünste und jubelten ihr zu.
Sehr alt wurde die „Motte" von Christl-Marie Schultes
leider nicht. Während eines Fluges im Sommer 1930
wurde das Flugzeug „Bad Tölz" über dem
Fichtelgebirge von einer Gewitterbö zu Boden gerissen
und zerschellte. Die Pilotin Schultes und ihr Begleiter
kamen mit dem Schrecken davon.
Der Absturz beim Gewitterflug im Fichtelgebirge hinderte Christl-Marie Schultes an der geplanten Teilnahme
am Europa-Flug im Sommer 1930. Dabei wäre sie die
einzige deutsche Pilotin gewesen. Zugesagt hatten so
berühmte Fliegerinnen wie Lady Mary Bailey (1890–
1960) und Winifred Spooner (1901–1933) aus England
sowie Maryse Hilsz (1903–1946) aus Frankreich.
Nicht zustande kam im November 1930 auch die
Teilnahme von Christl-Marie Schultes an einem
beantragten Fernflug über Österreich, Ungarn,
Rumänien, die Türkei, Syrien, Mesopotamien, Persien,
Britisch-Indien, Siam, Anam, China, Korea nach Japan.
Dieses Unternehmen hätte in Tagesetappen von 400
bis 950 Kilometern mit täglichen Flugzeiten zwischen
3,5 und 7,5 Stunden erfolgen sollen. Bei der Planung
hierfür erwies sich Christl-Marie als sehr sorgfältige
Orga-nisatorin.
Bald nach dem Fiasko im Fichtelgebirge erhielt Christl-
Marie Schultes eine Ersatzmaschine, die ebenfalls auf
den Namen „Bad Tölz" getauft wurde. Damit gastierte
sie in Großstädten von Deutschland, Österreich,

Ungarn, Frank-reich, Italien, Holland, Rumänien und Bulgarien.

Zu Beginn der 1930-er Jahre fesselte Christl-Marie Schultes, wie sie selbst später einmal schrieb, jede Faser ihres Herzens an den Flug. Sie sei ihm verfallen mit Leib und Seele und werde mit einer Gewalt in seinen Bann gezogen, den niemand lösen könne.

Im Frühjahr 1931 wollte Christl-Marie Schultes zusammen mit dem Piloten Gustav Sackmann aus Cannstatt (Württemberg) den kühnen Plan eines Fluges um die Welt verwirklichen. Für dieses Vorhaben stellte Sackmann sein kleines, nur mit einem 30 PS-Salmson-Motor ausgestattetes, offenes Klemm-Sportflugzeug zur Verfügung. Bereits auf dem Flug von Böblingen nach München-Oberwiesenfeld mit dieser Maschine musste bei Buchloe eine Notlandung erfolgen. Ungeachtet dessen wurde das Flugzeug, so wie man es am Vortag in die Halle in München-Oberwiesenfeld gestellt hatte, am 21. Mai 1931, einem regnerischen Donnerstag, auf den Startplatz gezogen. Trotz der Notlandung hat man nicht einmal den Motor nachgesehen.

Ein Berichterstatter der „Münchener Neuesten Nachrichten" schrieb hierüber: „Fräulein Schultes und ihr Begleiter hatten zu einer nochmaligen Überprüfung der Maschine keine Zeit. Sie waren beschäftigt mit Tonfilmaufnahmen und mussten sich da und dort für die herumschwirrenden Photographen in Positur setzen und stellen. Ernsthaften Fliegern mochte die ganze Geschichte bald mehr als Staffage für irgendeine Kinogesellschaft erscheinen, denn als Vorbereitung zu einem Weltrundflug."

Gustav Sackmann stellte sich als Besitzer der kleinen Maschine vor, mit welcher der große Flug unternommen werden sollte. Manchen Beobachtern dünkte es so, als könnte man das kleine Flugzeug fast unter den Arm nehmen, so zierlich und niedlich mutete das „Dingelchen" an. Einige blickten besorgt in den grauen Himmel, von dem es in Strömen heruntergoss. Sackmann erklärte, er werde die Maschine auf dem Weltflug fliegen. Fräulein Schultes begleite ihn nur und werde ihn wohl auch gelegentlich bei der Führung der Maschine unterstützen. Christl-Marie Schultes erschien nach 9 Uhr frisch und munter wie immer, begrüßte die anwesenden Gäste und beantwortete das Kreuzfeuer der neugierigen Fragen der Presseleute. Stolz zeigte sie ein Album mit Widmungen von Staatspräsident Paul von Hindenburg (1847–1934) und Kronprinz Rupprecht von Bayern (1869–1955) und entrollte schwarz-weiß-rote Fahnenwimpel, die ihr Verbände des Auslandsdeutschtums für die „Volksgenossen" in Ostasien mitgegeben hatten. Den Presseleuten erzählte sie, erstes Ziel beim „Weltflug" sei Wien. Danach sollte es weiter nach Budapest und Konstantinopel gehen und von hier aus die Route Bagdad, Karatschi, Kalkutta, Singapore, Birma, Kanton, Peking, Tokio usw. eingeschlagen werden. Als Endpunkte der Weltreise waren San Francisco und New York in den USA vorgesehen. Es könne aber auch Programmänderungen geben. Sackmann deutete an, die Reiseroute hänge noch von der Möglichkeit geschäftlicher Ausnützung ab. Einheimische Piloten, die in München-Oberwiesenfeld beim Abschied von Schultes und Sackmann zum

Ein verunglückter Weltflug

Die Fliegerin Christl=Marie Schultes schwer verletzt.

München, 22. Mai. Am Donnerstag Vormittag startete auf dem Flugplatz Oberwiesenfeld bei regnerischem Wetter die erste bayerische Fliegerin Fräulein Christl=Marie S c h u l t e s aus B a d T ö l z in Begleitung des Piloten S a c k = m a n n aus C a n n s t a t t, dem die kleine, zum Weltflug auserjehene Sportmaschine gehörte.

Zu dem Start hatten sich zahlreiche Prefsevertreter und Photographen eingefunden und der A b s c h i e d wurde auch von einer Tonfilm=Gesellschaft aufgenommen. Die Pilotin er= zählte, daß sie als erstes Ziel ihres Weltfluges W i e n er= reichen wolle. Daraufhin sollte es weiter nach Budapest und Konstantinopel gehen; von hier aus sollte die Route Bagdad, Karachi, Kalkutta, Singapore, Birma, Kanton, Peking, To= lio usw. eingeschlagen werden. Als E n d p u n k t der Welt= reise waren S a n F r a n z i s k o und N e w y o r k vorge= sehen.

Diese Pläne haben aber einen vorzeitigen Abschluß ge= funden. Nach Mitteilung der Süddeutschen Lufthansa ist das Flugzeug um 12.30 Uhr bei Scheib'ing, BA. Wegscheid, ab= gestürzt und restlos zu Bruch gegangen. Die beiden Piloten wurden schwer verletzt und im nächstgelegenen Krankenhaus operiert.

Zu dem Absturz der Weltfliegerin Schultes.

Passau, 22. Mai. Wie dem Landesdienst der TU. zu dem Absturz des Flugzeuges der Weltfliegerin Christl=Marie Schultes aus Obernzell berichtet wird, ist die Ursache des Absturzes noch nicht aufgeklärt. Nach Berichten von Augen= zeugen kam das Flugzeug aus der Richtung Oesterreich und dürfte infolge des starken nebeligen und regnerischen Wet= ters über dem Bayerischen Wald die Orientierung verloren haben. Das Flugzeug machte in der Nähe der Ortschaft Schei= bing eine scharfe Wendung und stürzte unmittelbar darauf ab. Propeller und Motor waren tief in die Wiese gebohrt, Rumpf und Tragflächen sind vollkommen zertrümmert. Die sofort mit Auto aus Untergriesbach herbeigeeilte Gendar= merie verständigte die Aerzte, welche die erste Hilfe leisteten.

Die beiden Insassen waren mehrfach verletzt. Die Flie= gerin mußte erst aus den Riemen herausgeschnitten werden. Sie hatte beide Füße gebrochen, mehrfache Verletzungen im Gesicht und Prellungen am Oberkörper erlitten. Der Pilot Sackmann blutete im Gesicht und klagte über Schmerzen im Rücken. Die beiden Verletzten wurden durch die Sanitäts= kolonne in das Krankenhaus Obernzell eing:;Gafft. Die Staatsanwaltschaft Passau erschien nachmittags an der Un= fallstelle und nahm den Tatbestand auf.

Artikel „Ein verunglückter Weltflug"
in der Zeitung „Grenzbote" vom 22. Mai 1931

„Weltflug" aufmerksame Augenzeugen waren,
schüttelten angeblich den Kopf. Das kleine Flugzeug
konnte nur 100 Liter Benzin an Bord nehmen. Die ganze
navigatorische Ausstattung bestand aus einem
gewöhnlichen Kompass. Alle anderen wichtigen Instrumente, Nebelgeräte, Neigungsmesser, Kreisel-
apparat usw. fehlten. Die Vorbereitungen für einen
„Weltflug" erschienen den Piloten von höchst
mangelhafter Natur.
Gegen zehn Uhr machte man die kleine Maschine für
den Start in München-Oberwiesenfeld klar. Vorher
verabschiedeten sich die Eltern von Christl-Marie
Schultes noch herzlich. Nach einem Fehlstart wegen
eines stehen gebliebenen Motors verzögerte sich der
Abflug bis kurz vor elf Uhr. Endlich klappte doch alles,
das Flugzeug erhob sich unter Rufen der Zuschauer,
machte eine Runde über dem Flugplatz und verschwand
nach kurzer Zeit hinter Schleißheim.
Kaum zwei Stunden nach dem Start in München-
Oberwiesenfeld kam es während eines Unwetters bei
einer versuchten Notlandung zum Absturz nahe des
Schulhauses in Schaibing bei Passau (Bayern). Laut
„Süddeutscher Lufthansa" ist das Flugzeug von
Sackmann und Schultes um 12.30 Uhr „bei Schaibing,
Bezirksamt Wegscheid, abgestürzt und restlos zu Bruch
gegangen". Ein planmäßiges Verkehrsflugzeug der
„Lufthansa" war zur gleichen Zeit, in der Schultes und
Sackmann nach Wien unterwegs waren, problemlos von
Wien nach München geflogen. Nach Ansicht von
Experten wäre es nicht zum Absturz von Schultes und
Sackmann gekommen, wenn ihr Flugzeug die

notwendigen Instrumente besessen und dadurch genauen Kurs gehalten hätte.

In einem Artikel der Zeitung „Grenzbote" vom 22. Mai 1931 stand unter anderem zu lesen: „Nach Berichten von Augenzeugen kam das Flugzeug aus der Richtung Österreich und dürfte infolge des starken nebeligen und regnerischen Wetters über dem Bayerischen Wald die Orientierung verloren haben. Das Flugzeug machte in der Nähe der Ortschaft Schaibing eine scharfe Wendung und stürzte unmittelbar darauf ab. Propeller und Motor waren tief in die Wiese gebohrt, Rumpf und Tragflächen sind vollkommen zertrümmert. Die sofort mit Auto aus Untergriesbach herbeigeeilte Gendarmerie verständigte Ärzte, welche Erste Hilfe leisteten.

Die beiden Insassen waren mehrfach verletzt. Die Fliegerin musste erst aus den Riemen herausgeschnitten werden. Sie hatte beide Füße gebrochen, mehrfache Verletzungen im Gesicht und Prellungen am Oberkörper erlitten. Der Pilot Sackmann blutete im Gesicht und klagte über Schmerzen im Rücken. Die beiden Verletzten wurden durch die Sanitätskolonne in das Krankenhaus Obernzell eingeschafft. Die Staatsanwaltschaft Passau erschien nachmittags an der Unfallstelle und nahm den Tatbestand auf."

Bei der missglückten Notlandung verlor Christl-Marie Schultes ihr linkes Bein. Für den Rest ihres Lebens trug sie eine kunstvolle Beinprothese.

Manche Experten meinen heute, der Pilot Gustav Sackmann wäre leichtsinnig gewesen und hätte den Flug wegen des schlechten Wetters abbrechen sollen. Doch die Presse und Sackmann kritisierten damals Christl-

Marie Schultes und machten sie zur Alleinschuldigen. Dabei war doch eigentlich Sackmann der Eigentümer und Pilot der Unglücksmaschine und Christl-Marie nur Passagierin gewesen. Vielleicht spielte es eine Rolle, dass Christl-Marie eine Frau und bekannter als Sackmann war.

Sackmann gab Christl-Marie Schultes die Schuld am Absturz. Er erklärte: „Leider wurde mein Vorhaben erschwert, da die Begleiterin Frl. Schultes durch Rückreichen von Zetteln mich immer wieder darum anging zu landen. Ich hielt es für unnötig und flog deshalb weiter. Nachdem ich Passau erreicht hatte, wurde das Wetter zusehends schlechter. Ich entschloß mich zu landen, aber nur deshalb, weil ich von einer eventd. Schuld Frl. Schultes gegenüber frei sein wollte. Ich ließ sie wissen, dass ich lande, machte sie jedoch gleichzeitig auf die große Gefahr aufmerksam ... Die Landung sollte nicht glücken. Eine Boe erpackte das Flugzeug und riß es in die Tiefe, wo es zertrümmerte."

Auch der Verlust ihres linken Beines beim Absturz wurde dem angeblichen Starrsinn und der Unvernunft von Christl-Marie Schultes zugeschrieben. Wenn diese sich unmittelbar nach dem Unglück zu einer Operation hätte entschließen können, hätte der Fuß nur bis zum Knöchel amputiert werden müssen, berichtete vier Wochen nach dem Unglück die „Deutsche Allgemeine Zeitung". Sie habe aber ihrem Arzt das schriftliche und ehrenwörtliche Versprechen abgenommen, die Amputation nicht vorzunehmen.

Ein Strafverfahren der Staatsanwaltschaft Passau gegen Gustav Sackmann wurde im Juli 1931 eingestellt. Die

Thea Rasche (1889–1971)

Sachverständigen der Flugüberwachung Bayern-Süd konnten ihm kein Verschulden am Absturz nachweisen. Auch der Versuch von Christl-Marie Schultes, Gustav Sackmann 1932 auf 20.000 Reichsmark Schadenersatz zu verklagen, wurde abgelehnt. Weil Christl-Marie diese Entscheidung nicht hinnahm und von den vorgesetzten Behörden eine Revision des Urteils forderte, da sie sonst die Presse informieren würde, verurteilte man sie wegen „versuchter Erpressung" zu 100 Reichsmark Geldstrafe, ersatzweise zehn Tage Haft.

Noch im Krankenbett plante Christl-Marie Schultes die Gründung einer eigenen Zeitschrift. Diese sollte vor allem den weiblichen Leistungen im Flugsport und in der Luftfahrt gewidmet sein.

Im April 1933 avancierte Christl-Marie Schultes zur Herausgeberin und Schriftleiterin (Chefredakteurin) der „Deutschen Flugillustrierten". Zu den Aufgaben ihrer Zeitschrift zählte sie vor allem, dem deutschen Volk die Höchstleistungen seiner Konstrukteure, Flieger und Arbeiter seit Anbeginn der Luftfahrt vor Augen zu führen sowie die Lust und Liebe an der Luftfahrt zu geben.

Im August 1933 wagte Christl-Marie Schultes in der „Deutschen Flugillustrierten" einen aufsehener-regenden Vorstoß für die Frauenrechte in der Luftfahrt. Sie fand es erstaunlich, zu hören, dass der türkische Staat seine erste Fliegerin mit einer Anstellung bei der Postflugstation belohnte. Darin sei die Türkei Deutschland voraus. Die Fliegerei brauche ganze Frauen. Wer fliege, finde sich auch im Leben zurecht, das hätten die deutschen Fliegerinnen wohl bewiesen.

Artikel in der Lokalzeitung über Christl-Marie Schultes.
Das Foto zeigt den Kopfstand ihres Flugzeuges „Bad Tölz"
nach dem Absturz im Sommer 1930 im Fichtelgebirge

Schon ab November 1933 wurde Christl-Marie Schultes im Impressum der Zeitschrift „Deutsche Flug-illustrierte" nicht mehr als Schriftleiterin erwähnt. Am 3. Dezember 1933 hieß es, dass mit der nächsten Ausgabe die Kunstfliegerin Thea Rasche (1889–1971) die Schriftleitung übernähme.

Der Grund: Christl-Marie Schultes hatte sich geweigert, Mitglied der „NSDAP" („Nationalsozialistische Deutsche Arbeiter-Partei") zu werden und hatte einen Verlobten jüdischer Herkunft. Nach dem am 4. Oktober 1933 verabschiedeten „Schriftleitergesetz" durften als Schriftleiter nur Personen „arischer Abstammung" tätig sein, was auch für deren Ehepartner galt.

Nach dem Tod des deutschen Staatspräsidenten Paul von Hindenburg im Jahre 1934, der ihr Gönner gewesen war, emigrierte Christl-Marie Schultes zunächst in die Schweiz, später nach Spanien, dann nach Portugal, wo sie den Seeflugschein erwarb, und schließlich nach Frankreich. In der Folgezeit gründete sie die „Internationale Fliegerhilfe", wurde zur Wohtäterin für Kinder, versorgte Judenlager in Süd-frankreich und half Verfolgten über die Grenze, bis sie in Nizza verhaftet, im Internierungslager Brens eingesperrt und Ende Februar 1943 nach Deutschland deportiert wurde.

Im gefürchteten „KZ Ravensbrück", dem größten Frauen-konzentrationslager des „Dritten Reiches", wo laut Online-Lexikon „Wikipedia" schätzungsweise 28.000 Menschen ums Leben kamen, musste Christl-Marie Schultes nicht lange bleiben. Dank der Hilfe eines SS-Sturmbannführers in Paris, der Flieger war, sie verehrte und ihre Akten verbrannt hatte, entließ man

Christl-Marie in ihre bayerische Heimat und stellte sie unter Polizeiaufsicht.

Danach war Christl-Marie Schultes kurze Zeit als Einfliegerin bei der Firma „Dornier" in Unterpfaffenhofen tätig. Sie verlor aber bereits im März 1943 wegen politischer Unzuverlässigkeit diese Stellung und lebte in den nächsten Monaten bei ihrer Familie im elterlichen Försterhaus. Ihren jüdischen Verlobten sah sie erst nach langer Trennung in einen Berliner Gefängnis, wo dieser auf das Urteil des Volksgerichtshofes wartete, wieder. Im Oktober 1944 wurde Christl-Marie Schultes verhaftet, weil sie vor dem Postamt in Bad Tölz und danach bei der Fahrt in einem Linienbus das NS-Regime kritisiert und Soldaten aufgefordert hatte, nicht mehr an die Front zu gehen. Zunächst saß sie wegen „Zersetzung der Wehrkraft" im Gefängnis von Bad Tölz in Untersuchungshaft, wurde im März 1945 ins Gefängnis München-Stadelheim überstellt, musste ihre Hinrichtung befürchten, wurde aber Anfang Mai 1945 entlassen, nachdem die US-Armee München eingenommen hatte. Nach dem Zweiten Weltkrieg arbeitete Christl-Marie Schultes für die US-Militärregierung und lebte von 1947 bis 1949 in Frankreich. Ab 1949 bemühte sie sich in Deutschland um Wiedergutmachung für ihre Emigration, Haftzeiten in Brens, Bad Tölz und Stadelheim sowie für den Verlust der „Deutschen Flugillustrierten", wobei sie nur teilweise erfolgreich war.

„Die Abenteuer der fliegenden Försterchristl" wurden 1951 in der deutschen Wochenzeitung „Heim und Welt" in einer packenden dreiteiligen Fortsetzungsgeschichte geschildert. Die Überschriften der Serie lauteten

„Rettender Sprung über die Grenze", „Den Häschern
ausgeliefert" und „Kampf um den Kopf".

1952 startete Christl-Marie Schultes eine Propaganda-
Aktion in den USA und in Kanada, bei der sie auf das
Schicksal der letzten deutschen Kriegsgefangenen
aufmerksam machte. 1953 starb ihr Foxterrier, der seit
1940 ihr treuer Begleiter war. Ihm setzte sie mit ihrem
Taschenbuch „KZ-Hund Muggi" ein literarisches
Denkmal.

Christl-Marie Schultes ist am 9. März 1976 im
„Städtischen Krankenhaus München-Schwabing" im
Alter von 71 Jahren verarmt und vergessen gestorben.
Angeblich hatte sie Krebs. Die „Süddeutsche Zeitung"
erwähnte am 15. März 1976 unter der Rubrik
„Bestattungen in München" die Beerdigung der
Hausfrau Maria Schultes um 10.30 Uhr auf dem
Westfriedhof in München. Ihr Grab ist inzwischen
aufgelöst und neu belegt. 2010 veröffentlichten der Autor
Ernst Probst aus Wiesbaden und der Luftfahrthistoriker
Theo Lederer aus Bad Heilbrunn das Taschenbuch
„Christl-Marie Schultes. Die erste Fliegerin in Bayern".

Lisl Schwab (1900–1967)

Lisl Schwab

Bayerns erste
Kunstfliegerin

Eine bekannte deutsche Flugpionierin, Motor-
fliegerin und Kunstfliegerin war die aus Ingolstadt
stammende Lisl Schwab (1900–1967), eigentlich
Elisabeth Maria Schwab. Bayerns erste Kunstfliegerin
feierte in den 1930-er Jahren ihre größten Triumphe.
Später wurde es auffallend still um sie und sie starb
arm und unbeachtet.
Elisabeth Maria Schwab kam am 3. September 1900 in
Ingolstadt (Bayern) als erstes von sieben Kindern der
Eheleute Johann Josef Schwab und Therese Schwab
(1878–1968), geborene Wolf, zur Welt. Ihre Eltern hatten
am 9. August 1899 in Pegnitz (Mittelfranken) geheiratet,
einige Monate lang dort gewohnt und waren im Januar
1900 nach Ingolstadt gezogen.
Der Vater von Lisl war ein Gutsbesitzersohn aus
Steinbach im Odenwald und arbeitete zunächst als
Rechtsanwalt mit bescheidenen Einkünften und später
als Justizrat mit sicheren Einkommen am Amtsgericht
Eichstätt. Er war 13 Jahre älter als seine Gattin. Über

ihn hieß es später, er sei anständig, geachtet und angesehen gewesen. Man beschrieb ihn als den biedersten Menschen in einer etwas verrückten Familie.

Die Mutter von Lisl Schwab war die Tochter eines Ziegeleibesitzers in Ingolstadt, galt als Schönheit und lebte die meiste Zeit ihres Lebens in ihrem Geburtsort. Die Familie Schwab wohnte in Ingolstadt im Haus Ludwigstraße 7. Dort wuchsen Lisl und die anderen Kinder auf. Einige der Geschwister von Lisl sind sehr jung gestorben. Ihre Schwester Eleonora starb 1904 bereits zwei Tage nach der Geburt, ihr Bruder Alfred 1905 mit vier Jahren und ihr Bruder Friedrich 1908 zwei Wochen nach der Geburt.

Die katholische Lisl Schwab besuchte die sechsklassige höhere Töchterschule des Klosters Gnadenthal in Ingolstadt. In der Schulkartei ist „Elsa" als ihr Vorname eingetragen. Von Kindheit an wurde sie aber „Lisl" gerufen. Ihre Teenagerphase fiel in die Zeit des Ersten Weltkrieges (1914–1918).

Während des Ersten Weltkrieges diente der Vater von Lisl Schwab in der Bürgerwehr. Ihre Mutter Therese begegnete damals in Ingolstadt einem französischen Kriegsgefangenen, der Maler war und sie offenbar für die Malerei begeisterte. Fortan widmete die talentierte Frau einen Großteil ihrer Freizeit dem Malen, sammelte Malerfreunde um sich, die in ihrem Haus in der Ludwigstraße ein- und ausgingen und wollte sogar noch während des Ersten Weltkrieges eine „Künstlerkolonie" gründen. Sie malte vor allem Stadtansichten, aber auch Blumen und Porträts und hatte damit Erfolg.

50

Die Mutter von Lisl Schwab bewies bei ihrem Hobby Mut, Willensstärke, Durchsetzungsvermögen und Energie. Diese Wesenszüge besaß offenbar auch ihre älteste Tochter Lisl. „Beide setzen sich in einer Männerwelt durch, beide verfolgen unbeirrt das, was sie begeistert, beiden gelingt die Realisierung ihrer Ziele." schrieb Christa Niklas in dem Beitrag „Therese und Lisl Schwab – Die Malerin und die Pilotin" für das Werk „Zeit der Frauen. Ingolstädterinnen aus drei Jahrtausenden" (2004).

Vom 3. Januar bis zum 3. Februar 1917 wurde die 16-jährige Lisl Schwab als Helferin des „Roten Kreuzes" ausgebildet. Weil sie die jüngste Kursteilnehmerin war, hat man sie anschließend 1917/1918 nicht als Helferin eingesetzt, sondern als Bürokraft auf der Telefonstation des „Reserve-Lazaretts II" in Ingolstadt.

Im Lazarett lernte Lisl Schwab einen jungen Fliegerleutnant namens Klotz kennen, der sie nicht nur persönlich interessierte, sondern auch ihre Begeisterung für die Fliegerei weckte. Über ihn hat sie sich später nie öffentlich geäußert. Deshalb weiß man nicht, wie dieser Fliegerleutnant aussah und wie alt er war. In ihrem Kopf setzte sich der Gedanke fest: „Wetten, dass ich das auch könnte".

Ob Lisl Schwab nach dem Ende des Ersten Weltkrieges noch briefliche Kontakte oder sogar persönliche Treffen mit dem Fliegerleutnant Klotz hatte, ist nicht bekannt. Fest steht, dass sie im Alter von 19 Jahren, was damals als noch nicht volljährig galt, ihr Elternhaus verließ und nach München zog. Im Januar 1921 kehrte sie für ein halbes Jahr in die Wohnung ihrer Eltern in der

Ludwigstraße nach Ingolstadt zurück. Im Juli 1921 zog sie nach Bamberg und im November jenes Jahres nach Neu-Ulm.

Im Frühsommer 1926 fand Lisl Schwab in Ulm einen Lehrer namens Stautner, der ihr für gutes Geld mit „Trockenübungen" das Fallschirmspringen beibrachte. Am 26. Juni 1926 wagte die 26-jährige Lisl bei einem Flugtag in Bad Oeynhausen ihren ersten Sprung mit dem Fallschirm. Dabei saß sie erstmals in einem Flugzeug und hatte mehr Angst vor dem Fliegen als vor dem Fallschirmabsprung. Doch der Absprung glückte. Die Erde flog ihr entgegen, sie landete butterweich und es war so windstill, dass sich der Fallschirm geräuschlos auf den Rasen legte und zu einem Tuch zusammensank.

In der Folgezeit bestritt Lisl Schwab ihren Lebensunterhalt mit Fallschirmabsprüngen bei Flugtagen. Von Januar 1927 bis Oktober 1928 gab sie noch ihr Elternhaus in Ingolstadt als ihre Anschrift an, kam aber nur noch besuchsweise dorthin. Das Geld, das sie als Fallschirmspringerin verdiente, verwendete sie nicht nur für ihren Lebensunterhalt, sondern auch zur Finanzierung des Pilotenscheins für Leichtflugzeuge, den sie vermutlich Ende der 1920-er oder Anfang der 1930-er Jahre erwarb.

Häufig wechselte Lisl Schwab ihren Wohnort. Sie lebte zeitweise in Neuburg, Hohenwart, Böblingen und 1931 wieder einmal in der Ludwigstraße 7 in Ingolstadt.

Anfang der 1930-er Jahre kaufte Lisl Schwab ihr eigenes Flugzeug. Dabei handelte es sich um eine zweisitzige

Maschine des Typs „Messerschmitt", die sie auf den flotten Namen „Schnattergans" taufte. Bei Flugtagen trat sie unter wechselnden Künstlernamen wie „Elfriede Corring", „Elfriede Corriny" oder „Filmdiva Elila Corinny" auf.

Ende Januar 1932 fragte Lisl Schwab bei Rudolf Heß (1894–1987), der 1933 „Stellvertreter des Führers" wurde, wegen Propaganda-Aufträgen für die „Nazis" an. Heß antwortete ihr, wenn der Wahlkampf einsetze, werde er sich ihrer erinnern. Auf alle Fälle gebe er ihre Zeilen befürwortend an die Propagandaabteilung weiter und empfehle ihr, dieser ihre Bedingungen zu übermitteln.

Bald konnte Lisl Schwab von den Honoraren für Fallschirmabsprünge und Schauflüge bei Flugtagen sowie mit Reklameflügen – beispielsweise für die Webwaren-Firma Witt in Weiden, für die Zigarettenfabrik Sturm in Dresden und für die Parteizeitung der „Nazis" in Franken während der so genannten „Kampfzeit" vor 1933 – leben. Für die „Nazis" zog sie Transparente oder warf Propagandamaterial ab.

Am 25. Mai 1932 war Lisl Schwab die große Attraktion beim Flugtag in ihrem Geburtsort Ingolstadt. Bei diesem Auftritt wagte sie einen Fallschirmabsprung aus rund 800 Metern Höhe, der problemlos gelang und von mehreren Tausend Zuschauern bejubelt wurde. Anfang Juni 1932 trat sie beim Nürnberger Großflugtag auf.

Während des „Dritten Reiches" arbeitete Lisl Schwab weiter als Berufspilotin. In der Ingolstädter Zeitung „Donau-Kurier" hieß es über sie, sie habe zwar nicht die Nähe zu den Machthabern gesucht wie viele andere, sei aber auch nicht auf Distanz gegangen, weil sie ihren Lebensunterhalt verdienen musste.

Mitte der 1920-er Jahre hatte sich Lisl Schwab noch nicht für Politik interessiert. Doch bald bekannte sie sich aktiv zu den Zielen der „NSDAP" („Nationalsozialistische Deutsche Arbeiter-Partei") – und zwar schon, bevor sie in diese Partei eintrat.

Im August 1932 trat sie der „NSDAP" bei. In dem Buch „Schneidige deutsche Mädel. Fliegerinnen zwischen 1918 und 1945" (2007) von Evelyn Zegenhagen heißt es, Lisl Schwab sei keine Opportunistin gewesen, die der „NSDAP" lediglich aus Gründen des Karriereerhalts und der Karriereförderung beigetreten sei. Sie sei eine motivierte und engagierte Nationalsozialistin gewesen. Auf die Tragflächen ihres Flugzeuges hat sie Anfang der 1930-er Jahre die Werbung „Lest den Stürmer" lackieren lassen. „Der Stümer" war eine antisemitische nationalsozialistische Zeitschrift pornographischen Charakters.

Bei einem Flugtag 1933 begegnete Lisl Schwab dem Diktator Adolf Hitler (1889–1945). Mit Hans Schemm (1891–1935), zunächst Gauleiter von Oberfranken und später des „Gau Bayerische Ostmark", war sie eng befreundet. Oft flog sie Schemm zu Dienstauftritten und Vorträgen. Schemm kam 1935 bei einem Flugzeugabsturz in Bayreuth ums Leben.

Aus Anlass der „Olympischen Spiele 1936" beteiligte sich Lisl Schwab an Flugveranstaltungen in Berlin. 1937 nahm sie an einem Sternflug nach Paris während der Weltausstellung teil und gewann die Damenkonkurrenz im Kunstflug. In jenem Jahr war Bayreuth ihr Wohnort.

Lisl Schwab war eine engagierte Nationalsozialistin

1937 starben der Großvater und der Vater von Lisl
Schwab im Abstand von einigen Monaten. Ihr Vater
war 38 Jahre lang mit ihrer Mutter verheiratet gewesen.
Ihre Mutter blieb auch nach dem Tod ihres Ehemannes
in der Ludwigstraße 7 in Ingolstadt.
Ab 1. April 1938 arbeitete Lisl Schwab für den „NS-
Lehrerbund e.V." als Flugzeugführerin. Diese Anstellung verdankte sie vermutlich ihren früheren
Kontakten mit Hans Schemm, der ab 1934 Reichsleiter
des „NS-Lehrerbundes" und Leiter des „Hauptamtes
für Erzieher" in der Reichsleitung der „NSDAP"
gewesen war.
Kurz vor Ausbruch des Zweiten Weltkrieges (1939–
1945) erwarb Lisl Schwab bei einem Kurs des „NSFK"
in Berlin-Rangsdorf den B1/B2-Schein als Vorbereitung
für einen eventuellen Einsatz als Überführungs- und
Nachschubfliegerin. In der Folgezeit war sie durch
das Reichsluftfahrtministerium in verschiedenen Po-
sitionen beschäftigt.
Von Oktober bis Dezember 1941 arbeitete Lisl Schwab
bei der Firma „Letov" in Ölmütz (Mähren) und von
Januar 1942 bis Juni 1943 bei der böhmisch-mährischen
Maschinenfabrik in Prag jeweils als Einfliegerin. Dort
unternahm sie Überführungsflüge bis zum Baumuster
„Junkers W 34". Im Januar 1943 verlieh ihr Adolf Hitler
für ihren Einsatz als Werkspilotin das Kriegsver-
dienstkreuz 2. Klasse. Zwischen Juli 1943 und Juni 1944
war sie Chefpilotin bei der „Leichtbau GmbH" in
Budweis auf dem dortigen Fliegerhorst, wo sie Maschinen des Typs „Fieseler Fi 156" einflog und monatlich
1.200 Reichsmark verdiente.

Fliegerin Lisl Schwab

Von Juli 1944 bis zum 15. September 1944 setzte man Lisl Schwab beim Überführungsgeschwader der Fliegerhorstkommandantur A (o) 18/III, Platz-Kommando Berlin-Tempelhof ein und vom 16. September 1944 bis zum 7. Mai 1945 beim Überführungsgeschwader I, Süd-Ost, in Prag-Gbell, Bad Vöslau, Linz-Pöstlingberg, Hörsching und Klagenfurt. Während ihrer Anfangszeit als Überführungspilotin soll Lisl Schwab eine enge persönliche Beziehung mit dem Fliegeridol Ernst Udet (1896–1941) gepflegt haben. Udet wurde wegen seiner Auszeichnungen als Jagdpilot im Ersten Weltkrieg von Hermann Göring (1893–1945), dem Oberbefehlshaber der Luftwaffe, als Luftwaffen-stratege geholt und verübte 1941 nach der verlorenen Luftschlacht um England Selbstmord.

In den letzten Kriegsmonaten transportierte Lisl Schwab vor allem verwundete deutsche Soldaten von ihren Einsätzen aus Ungarn zurück. „Dass ich mithelfen konnte, so vielen Frauen den Mann, vielen Eltern den Sohn und vielen Kindern den Vater zu erhalten, war mir eine große Genugtuung." sagte sie später im privaten Kreis hierzu.

Insgesamt führte Lisl Schwab während des Zweiten Weltkrieges mehr als 3.000 militärische Flüge in allen Flugzeugtypen von der „Bf 109" und „Fw 1902 bis hin zu Transportflugzeugen. Damit sammelte sie große fliegerische Erfahrung. Im Mai 1945 geriet sie in amerikanische Kriegsgefangenschaft, konnte aber am 14. Juni 1945 fliehen.

Nach dem Zweiten Weltkrieg verlor Lisl Schwab als ehemalige „Nazifliegerin" im Zuge der Entnazifizierung ihre Pilotenlizenz. Über ihre fliegerischen Aktivitäten bis 1945 äußerte sie sich fortan sehr selten. Zunächst kehrte sie nach Bayreuth zurück und wohnte dort mit dem Künstler Hans Ott zusammen,den sie bereits in den 1920-er Jahren kennen gelernt hatte. Damals hatte Otto einen Artikel von ihr mit seinen Zeichnungen illustriert. Zeitweise betrieb sie das „Goldberg-Café" in Goldkronach im Fichtelgebirge, in dem gerne ihre Fliegerkameraden/innen einkehrten. Doch die Einnahmen reichten nicht zum Leben aus. Nachdem diese Unternehmen gescheitert war, hielt sich Lisl kurze Zeit bei ihrer Mutter in Ingolstadt auf.

Im August 1945 zog die Mutter von Lisl Schwab aus der Ludwigstraße 7 in Ingolstadt, wo sie viereinhalb Jahrzehnte lang gewohnt hatte, weg. Ihr neues Zuhause lag nun im Mühlweg 3 (später umbenannt in Brodmühlweg 13).

Von 1954 bis 1957 lebte Lisl Schwab in Ebenhausen-Werk und arbeitete im „Café an der Paar". Dank der Vermittlung des ehemaligen Fliegergenerals im Zweiten Weltkrieg, Josef Kammhuber (1896–1986), erhielt sie eine Arbeit in einer Fallschirmfabrik nahe des Bodensees. Ihre Aufgabe war es, die fertig gestellten Fallschirme zu überprüfen.

Die Beschäftigung mit der Fallschirmseide weckte bei Lisl Schwab erneut ihre alte Leidenschaft für Fallschirmabsprüng.e und für das Fliegen. Zunächst trat sie als Fallschirmspringerin bei Luftfahrt-Veranstaltungen auf. 1956 absolvierte sie, obwohl sie wenig Geld hatte, in München-Riem ein zweites Mal die Pilotenprüfung für Privatflugzeuge. „Lisl Schwab fliegt immer noch wie eine Eins", konnte man am 1. Juni 1966 in der Zeitschrift „Der Flieger" über sie lesen.

In der Folgezeit reiste Lisl Schwab, um Hotelkosten zu sparen, in einem Wohnwagen und in Begleitung ihres Boxerhundes an Wochenenden zu Flugtagen. Wochentags arbeitete sie weiterhin in der Fallschirmfabrik. Außerhalb der „Saison" stand der Wohnwagen auf dem Grundstück ihrer Mutter am Brodmühlweg in Ingolstadt.

Mutter Therese und Tochter Lisl verstanden sich, obwohl sie sich zeitweise nicht oft sahen, sehr gut. Lisl nahm ihre Mutter, so oft es ging, zu Flugveranstaltungen mit. Sie fuhren zusammen im Auto oder flogen zusammen im Flugzeug.

Ende der 1950-er Jahre hatte Lisl Schwab ihre letzten Auftritte als Fallschirmspringerin und Pilotin. Einst bewunderte man sie als die erste Fallspringerin in Bayern, jetzt als die älteste Springerin. Auf Fotos wirkt sie immer freundlich, glücklich und selbstbewusst, stellte die Autorin Christa Niklas fest und fügte hinzu, in ihrem Blick sei immer Zielstrebigkeit zu erkennen, Arroganz dagegen nicht.

Von August 1961 bis September 1966 wohnte Lisl Schwab in Weingarten nördlich von Ravensburg, nicht sehr weit vom Bodensee entfernt. Weil sie wusste, dass ihre zu erwartende Rente gering ausfallen würde, arbeitete sie über die Altersgrenze hinaus in der Fallschirmfabrik nahe des Bodensees.

Im Herbst 1966 ließ der gesundheitliche Zustand von Lisl Schwab deren weitere Berufstätigkeit nicht mehr zu. Bereits vom Lungenkrebs gekennzeichnet kehrte Lisl im September 1966 aus Weingarten in ihren Geburtsort Ingolstadt zurück. Ihre Mutter hatte eine Hälfte des großen Gartengrundstücks, das zu dem Anwesen im Brodmühlweg in Ingolstadt gehörte, verkauft und vom Erlös eine Eigentumswohnung in der Gutenbergstraße in Ingolstadt für ihre Tochter Lisl erworben.

Lisl Schwab befand sich damals in einer prekären finanziellen Situation. Sie war Sozialhilfeempfängerin und hatte weder genügend Einkommen noch Rente, um sich eine eigene Wohnung leisten zu können. Mit der Überlassung der kleinen Eigentumswohnung wollte ihr die Mutter zumindest die Sorge um Mietzahlungen nehmen.

In dieser Ingolstädter Eigentumswohnung lebte Lisl Schwab nur einige Monate lang. Um ihre spärliche Rente von 250 Mark aufzubessern, nahm sie dort noch einen Untermieter auf. Jener Untermieter fand Lisl nach einem körperlichen Zusammenbruch in der Eigentumswohnung und kümmerte sich um ihre ärztliche Versorgung. Auf ausdrücklichen Wunsch brachte man sie nicht in ein Ingolstädter Krankenhaus, sondern in eine Klinik nach München.

Offenbar ahnte Lisl Schwab, dass ihr Leben zu Ende ging. Sie sagte nämlich zu ihrer Schwägerin Marianne Schwab: „Ich sterb' nicht in Ingolstadt, dass die Leut da noch was zu reden hätten." Da sie ihren Geburtsort schon als sehr junge Frau verlassen hatte, hatte sie keine sehr große emotionale Bindung an Ingolstadt und seine Einwohner. Am 19. Januar 1967 starb Lisl Schwab in einer Münchner Klinik im Alter von 66 Jahren an Lungenkrebs.

Am 16. September 1967 berichtete die in Ingolstadt erscheinende Zeitung „Donau-Kurier" unter der Überschrift „Therese Schwab nimmt Abschied", die Malerin habe in der „Neuen Galerie" ihre letzte Ausstellung eröffnet und wolle in absehbarer Zeit in die USA übersiedeln. Dort wollte die 89-Jährige ihrer Tochter Hilde, die seit 1949 in den USA lebte, und ihrem Sohn Theo, der schon in den 1930-er Jahren ausgewandert war, nahe zu sein. Doch es kam ganz anders ...

Therese Schwab starb am 31. Januar 1968 – rund ein Jahr später als ihre Tochter Lisel – im Alter von 90 Jahren ebenfalls in München. Sie war von ihrem Sohn Hermann und seiner Familie, die seit mehr als 30 Jahren in München lebten, über Weihnachten und Neujahr 1967/ 1968 eingeladen worden. Man überredete sie dazu, auch im Januar über in München zu bleiben, um sie am ersten Jahrestag des Todes von Lisl nicht allein zu lassen.

Die Fliegerin Lisl Schwab ist in ihrem Geburtsort nicht vergessen worden. Der Zeitung „Donau-Kurier" zufolge plant man in Ingolstadt, eine Straße im Fliegerviertel nach Lisl Schwab zu benennen.

Daten und Fakten

3. September 1900: Lisl Schwab, Bayerns erste Kunstfliegerin, kommt in Ingolstadt zur Welt.

14. November 1903: Thea Knorr, geborene Theresia (Thea) Rainer, die erste Schleißheimer Fliegerin, wird in Wasentegernbach (Kreis Erding) geboren.

6. November 1904: Christl-Marie Schultes, geborene Maria Rosalia Schultes, die erste Fliegerin in Bayern, kommt in Oberenzenau bei Bad Heilbrunn zur Welt.

Sommer 1928: Christl-Marie Schultes wird die erste Fliegerin in Bayern.

Sommer 1929: Christl-Marie Schultes kauft mit finanzieller Unterstützung der Stadt Bad Tölz in England ein Flugzeug des Typs „De Havilland Moth", mit dem sie für die Stadt und ihren Bäderbetrieb Reklame fliegt.

1931: Lisl Schwab ist die große Attraktion beim Flugtag in ihrem Geburtsort Ingolstadt. Dabei wagt sie einen Sprung aus rund 800 Metern Höhe.

1931: Thea Knorr wird die erste Schleißheimer Fiegerin.

21. Mai 1931: Christl-Marie Schultes stürzt als Begleiterin bei einem geplanten „Weltflug" während eines Unwetters bei einer Notlandung in Schaibing bei Passau

ab. Eines ihrer Beine wird so schwer verletzt, dass es amputiert werden muss.

April 1933: Christl-Marie Schultes wird Herausgeberin und Schriftleiterin (Chefredakteurin) der „Deutschen Flugillustrierten". Bereits ab November 1933 steht sie nicht mehr im Impressum dieser Zeitschrift.

1938: Thea Knorr unternimmt einen Afrika-Flug, der sie über Italien (Napoli), Sizilien (Palermo), Tunesien (Tunis), den Sudan (Khartum) und Britisch-Ostafrika (Nairobi) führt.

19. Januar 1967: Lisl Schwab stirbt in einer Münchener Klinik im Alter von 66 Jahren an Lungenkrebs.

9. März 1976: Christl-Marie Schultes stirbt im Alter von 71 Jahren in München.

29. Januar 1989. Thea Knorr stirbt im Alter von 85 Jahren in Feldafing.

Autor Ernst Probst

Der Autor Ernst Probst

Ernst Probst, geboren am 20. Januar 1946 in Neunburg vorm Wald im bayerischen Regierungsbezirk Oberpfalz, ist Journalist und Buchautor. Er arbeitete von 1968 bis 1971 als Redakteur bei den „Nürnberger Nachrichten", von 1971 bis 1973 in der Zentralredaktion des „Ring Nordbayerischer Tageszeitungen" in Bayreuth und von 1973 bis 2001 bei der „Allgemeinen Zeitung", Mainz. In seiner Freizeit schrieb er Artikel für die „Frankfurter Allgemeine Zeitung", „Süddeutsche Zeitung", „Die Welt", „Frankfurter Rundschau", „Neue Zürcher Zeitung", „Tages-Anzeiger", Zürich, „Salzburger Nachrichten", „Die Zeit", „Rheinischer Merkur", „Deutsches Allgemeines Sonntagsblatt", „bild der wissenschaft", „kosmos", „Deutsche Presse-Agentur" (dpa), „Associated Press" (AP) und den „Deutschen Forschungsdienst" (df). Aus seiner Feder stammen die Bücher „Deutschland in der Urzeit" (1986), „Deutschland in der Steinzeit" (1991), „Rekorde der Urzeit" (1992), „Dinosaurier in Deutschland" (1993 zusammen mit Raymund Windolf) und „Deutschland in der Bronzezeit" (1996). Ab 2000 veröffentlichte er eine 14-bändige Taschenbuchreihe über berühmte Frauen. Von 2001 bis 2006 betätigte sich Ernst Probst als Buchverleger.

Der Historiker Josef Eimannsberger

Josef Eimannsberger aus München ist Mitglied der „Bayerischen Flugzeug-Historiker e.V." aus Oberschleißheim. Die Ursprünge dieses Vereins gehen bis in das Jahr 1981 zurück. Damals haben zwei Gründungsmitglieder die historische Flugzeugwerft aus dem Jahr 1918 und die alte Flugwache aus dem Jahr 1912 auf dem Flugplatzgelände in Oberschleißheim in allen Details abfotografiert. In den Folgejahren standen die Bemühungen, dieses Gebäude zu erhalten, im Mittelpunkt der Aktivitäten. Mit der Eröffnung des „Museum Flugwerft Schleißheim" als Außenstelle des „Deutschen Museums" fanden diese Aktivitäten im September 1992 ihren Abschluss. Durch die Gründung der „Bayerischen Flugzeug-Historiker e. V." im April 1994 wurde eine Organisationsform geschaffen, die sowohl die weitere Entwicklung des Museumsflugplatzes Oberschleißheim betreibt, als auch die gesamte bayrische Luftfahrtgeschichte in geeigneter Form für die Nachwelt dokumentiert. Der Verein beteiligt sich mit Info- und Ausstellungsständen an Veranstaltungen im „Museum Flugwerft Oberschleißheim" sowie auf Flugtagen und Modellbauausstellungen.

Kontakt: Bayerische Flugzeug-Historiker e. V.,
Rotdornstraße 22, Oberschleißheim,
Internet: www.bayerische-flugzeug-historiker.ev

Aufgaben und Ziele der „Bayerische Flugzeug-Historiker e. V."

Schaffung eines Bayerischen Luftfahrtarchivs
Als Standort ist das historische Flugplatzgelände in
Oberschleißheim im Norden von München
vorgesehen.

Erforschung und Dokumentation
luftfahrthistorisch bedeutender Flächen, Gebäude
und Bodenspuren mit dem Ziel, bei ausgewählten
Objekten die Voraussetzung für die Eintragung in die
Denkmalliste zu schaffen.

Mitwirkung
bei der Wiederherstellung und Erhaltung von bereits
denkmalgeschützen, luftfahrthistorischen Objekten.

Konservierung bzw. Restauration
von luftfahrthistorischen Objekten mit dem Ziel,
diese in geeigneter Weise der Öffentlichkeit
zugänglich zu machen. Als Ausstellungsort ist die
Außenstelle des Deutschen Museums in
Oberschleißheim, die Flugwerft Schleißheim,
vorgesehen.

Rekonstruktion
luftfahrthistorischer Objekte und Szenen in Form
von originalgetreuen Nachbildungen oder Modellen.

Auch hier besteht die Zielsetzung, diese Objekte der Öffentlichkeit zugänglich zu machen, vorzugsweise im Museum Flugwerft Schleißheim.

Themengebiete
– Luftfahrgeschichte
– Luftfahrtarchäologie
– Modellbau
– Denkmalschutz
– Restaurierung

Regelmäßige Aktivitäten
– Dia- und Fachvorträge zu Luftfahrtthemen
– luftfahrthistorische Exkursionen und Aktionen

Literatur

FEMBIO Frauen.Biographienforschung
www.fembio.org
HOLZAPFEL, Carl / STOCKS, Käthe / STOCKS, Rudolf: Sechzehn deutsche Pilotinnen in ihren Leistungen und Abenteuern, Berlin 1931
KNORR, Thea: Die erste Schleißheimer Fliegerin. Aus: LANGSDORFFF, Gero von: Geflogene Vergangenheit. 75 Jahre Luftfahrt in Schleißheim. Geschichte eines Flugplatzes herausgegeben vom Verein zur Erhaltung der historischen Flugwerft Oberschleißheim. Oberschleißheim 1988
KNORR, Thea: Erinnerungen, Unveröffentlichtes Manuskript
KUROSWKI, Franz: Berühmte Fliegerinnen, Göttingen 1974
NIKLAS, Christa: Therese und Lisl Schwab. Die Malerin und die Pilotin. Aus: Zeit der Frauen. Ingolstädterinnen aus drei Jahrtausenden. Sammelblatt des Historischen Vereins Ingolstadt, Jahrgang 113, S. 289–333, Ingolstadt 2004
PFISTER, Gertrud: Fliegen – ihr Leben. Die ersten Pilotinnen, Berlin 1989
PROBST; Ernst: Königinnen der Lüfte in Deutschland, München 2010
PROBST, Ernst: Königinnen der Lüfte von A bis Z, München 2010
REBMANN, Jutta: Als Frau in die Luft ging. Die Geschichte der frühen Pilotinnen, Köln 2007

SCHMIDT, Margret: Mädchen am Steuerknüppel, Stuttgart 1953

SCHMITT, Günther: Die Ladys in den fliegenden Kisten, Berlin 1993

SUPF, Peter: Das Buch der deutschen Fluggeschichte, 3 Bände, Stuttgart 1956/1958

THE EARLY BIRDS OF AVIATION http://earlyaviators.com

THEPEERAGE.COM http://www.thepeerage.com

WIKIPEDIA (Online-Lexikon) http://wikipedia.org

WOMEN IN AVIATION HISTORY: http://wiai.org/information/history.html

ZEGENHAGEN, Evelyn: Schneidige deutsche Mädel. Fliegerinnen zwischen 1918 und 1945, Göttingen 2007

Bildquellen

Klaus Benz, Mainz-Laubenheim: 66

Bundesarchiv, Bild 102-10187 / CC-BY-SA: 41
(via Wikimedia Commons), lizensiert unter
CreativeCommons-Lizenz by-sa-3.0-de
http://creativecommons.org/licenses/by-sa/3.0/de/
legalcode

Josef Eimannsberger, Luftfahrt-Historiker, München;
17

Günter Lang, Diplom-Kaufmann, München: 10, 20

Theo Lederer, Bad Heilbrunn: 22

Reproduktion aus „Grenzbote" vom 22. Mai 1931: 37

Reproduktion einer Postkarte von Fröhlich-Film/Tobis
aus dem Jahre 1917: 15

Reproduktion einer Zeitungsseite: 43

Stadt Ingolstadt: 48, 55, 57

E-Books über „Königinnen der Lüfte"

Aida de Acosta. Erster Alleinflug mit einem
lenkbaren Luftschiff
Elsa Andersson. Die erste Pilotin aus Schweden
Jacqueline Auriol. Sie durchbrach als erste Europäerin
die Schallmauer
Liesel Bach. Deutschlands erfolgreichste
Kunstfliegerin
Pancho Barnes. Amerikas erste Stuntpilotin
Maryse Bastié. Die Fliegerin, die acht Weltrekorde
brach
Jean Batten. Neuseelands berühmteste Pilotin
Melli Beese. Die erste Deutsche mit Pilotenlizenz
Elly Beinhorn. Deutschlands Meisterfliegerin
Vera von Bissing. Eine Kunstfliegerin
der 1930-er Jahre
Sophie Blanchard. Die erste professionelle
Luftschifferin
Adrienne Bolland. Die erste Frau, die über die Anden
flog
Héléne Boucher. Die französische „Wunderfliegerin"
Kalpana Chawla. Die erste Inderin im Weltall
Jacqueline Cochran. Die „schnellste Frau der Welt"
Bessie Coleman. Die erste Afro-Amerikanerin mit
Pilotenschein
Eileen Collins. Die erste Raumfähren-Pilotin
Héléne Dutrieu. Die erste Pilotin in Belgien
Amelia Earhart. Die erste Frau, die zwei Mal über
den Atlantik flog

Ruth Elder. Die erste Frau, die den Flug über den
Atlantik wagte
Marga von Etzdorf. Die tragische deutsche Fliegerin
Elise Garnerin. Die „Venus im Ballon"
Sabiha Gökcen. Die erste türkische Pilotin
Frances Wilson Grayson. Tragischer Flug über den
Atlantik
Hilda Hewlett. Die erste britische Fliegerin
Maryse Hilsz. Die Rekordfliegerin aus Frankreich
Luise Hoffmann. Die erste deutsche Einfliegerin
Kara Spears Hultgreen. Die erste „F-14 Tomcat"-
Kampfpilotin
Laura Ingalls. Die erste Amerikanerin, die über
Südamerika flog
Carol Mae Jemison. Die erste afro-amerikanische
Astronautin
Amy Johnson-Mollison. Englands erste
Flugzeugmechanikerin
Thea Knorr. Die erste Schleißheimer Fliegerin
Raymonde de Laroche. Die erste Pilotin der Welt
Ruth Law. Erste Luftpost für die Philippinen
Anne Morrow Lindbergh. Die erste Amerikanerin
mit Segelflugschein.
Anne Löwenstein-Wertheim. Die fliegende Prinzessin
Shannon Lucid. Der längste Raumflug einer Frau
Rita Maiburg. Einer der ersten weiblichen
Linienflugkapitäne
Beryl Markham. Die erste Berufspilotin in Ostafrika
Marie Marvingt. Die „Mutter der Luftambulanz"
Christa McAuliffe. Die amerikanische Nationalheldin
Victoria van Meter. Die jüngste Fliegerin der Welt

Jerry Mock. Im Alleinflug um die Erde
Mathilde Moisant. Eine frühe Fliegerin in den USA
Käthe Paulus. Deutschlands erste Luftschifferin
Thérèse Peltier. Die erste Flugzeugpassagierin der
Welt
Harriet Quimby. Die erste Amerikanerin mit
Flugschein
Bessica Medlar Raiche. Eine der ersten Fliegerinnen
in den USA
Barbara Allen Rainey. Die erste Marinepilotin der
USA
Thea Rasche. The Flying Fräulein
Marina Raskowa. Eine fliegende „Heldin
der Sowjetunion"
Wilhelmine Reichard. Die erste Ballonfahrerin
in Deutschland
Hanna Reitsch. Die Pilotin der Weltklasse
Sally Kristen Ride. Die erste Amerikanerin
im Weltall
Swetlana Sawizkaja. Die erste Spaziergängerin im
Weltall
Christl-Marie Schultes. Die erste Fliegerin in Bayern
Blanche Stuart Scott. Die erste Amerikanerin, die ein
Flugzeug flog
Melitta Gräfin Schenk von Stauffenberg.
Deutsche Heldin mit Gewissensbissen
Katherine Stinson und Marjorie Stinson. Die
fliegenden Schwestern
Kathryn Dwyer Sullivan. Rekordspaziergängerin
im Weltall
Walentina Tereschkowa. Die erste Frau im Kosmos

Élisabeth Thible. Die erste Passagierin einer
Montgolfière
Kathryn Thornton. Berühmte Spaziergängerin
im Weltall
Sabine Trube. Die deutsche Düsenjet-
Kommandantin
Beate Uhse. Deutschlands erste Stuntpilotin
Nancy Bird Walton. Australiens erste und jüngste
Verkehrspilotin

Bestellungen bei: www.grin.com

Bücher von Ernst Probst

Der Schwarze Peter. Ein Räuber im Hunsrück und
Odenwald
Elisabeth I. Tudor. Die jungfräuliche Königin
Julchen Blasius. Die Räuberbraut des Schinderhannes
Königinnen der Lüfte von A bis Z. Biografien
berühmter Fliegerinnen, Ballonfahrerinnen,
Luftschifferinnen, Fallschirmspringerinnen und
Astronautinnen
Königinnen der Lüfte in Deutschland
Königinnen der Lüfte in Frankreich
Königinnen der Lüfte in Europa
Königinnen der Lüfte in Amerika
Frauen im Weltall. Biografien berühmter
Astronautinnen und Kosmonautinnen
Königinnen des Tanzes
Machbuba. Die Sklavin und der Fürst
Maria Stuart. Schottlands tragische Königin
Meine Worte sind wie die Sterne. Die Rede des
Häuptlings Seattle und andere indianische Weisheiten
(zusammen mit Sonja Probst)
Superfrauen 1 – Geschichte
Superfrauen 2 – Religion
Superfrauen 3 – Politik
Superfrauen 4 – Wirtschaft und Verkehr
Superfrauen 5 – Wissenschaft
Superfrauen 6 – Medizin
Superfrauen 7 – Film und Theater
Superfrauen 8 – Literatur

Superfrauen 9 – Malerei und Fotografie
Superfrauen 10 – Musik und Tanz
Superfrauen 11 – Feminismus und Familie
Superfrauen 12 – Sport
Superfrauen 13 – Mode und Kosmetik
Superfrauen 14 – Medien und Astrologie
Superfrauen aus dem Wilden Westen

Rekorde der Urzeit
Rekorde der Urmenschen
Archaeopteryx. Der Urvogel aus Bayern
Der Ur-Rhein
Der Rhein-Elefant
Höhlenlöwen
Der Mosbacher Löwe
Säbelzahnkatzen
Monstern auf der Spur. Wie die Sagen über Drachen,
Riesen und Einhörner entstanden
Affenmenschen. Von Bigfoot bis zum Yeti
Seeungeheuer. Von Nessie
bis zum Zuiyo-maru-Monster

Der Ball ist ein Sauhund. Weisheiten und Torheiten
über Fußball (zusammen mit Doris Probst)
Worte sind wie Waffen. Weisheiten und Torheiten
über die Medien (zusammen mit Doris Probst)
Schweigen ist nicht immer Gold. Zitate von A bis Z

Bestellungen bei: www.grin.com